AF209901

1

Ville Pohjalainen

Valveilla: keskeislyyrinen painajainen

Kustantaja: BoD – Books on Demand, Helsinki, Suomi
Valmistaja: BoD – Books on Demand, Norderstedt, Saksa
ISBN: 9789523395848

Alussa

alussa oli kirkas valo

vehreitä kasveja ja puita,

    huojuttavassa tuulessa

        kauniita stemmamelodioita laulavia metsiä

        ja koko eläinlajien kirjo

iloa, hymyilevää lämpöä, naurua

    ihmisten onnellista arkea

        aika tylsää ja tavallista?

sitten

kuuluikin karhea mölöääni

    kaukaa syvyyksistä

        "tulkoon pimeys!"

    ja niin yö, synkkä ja pateettinen

laskeutui kaiken ylle

    eikä kukaan säästynyt sen ikeeltä

yön tumma, mielipuolinen loisto

miellytti suurta silmää,

joka kaipasi viihdettä

näki pimeyden olevan hyvä

siihen mahtuisi paljon saastaa ja syntiä

kauan kaivattuja

rajuja meininkejä

Niks ja naks!

lattialla lainehtii

tuhat veristä, kuplivaa tunnelmaa

rakkaus roiskuneena pitkin seiniä

koskettaen tuskan tahmeaa pintaa

ja sormissa venyvää onnea

piittaamaton syksyinen tuuli

ulvoo talon nurkissa

kynttilät valaisevat pöydillä

lepattaen ja paljastaen

koko hänen sisimpänsä

hän oli juuri leikannut

saksilla irti sielunsa

niks ja naks!

halusi näet olla

kaukainen, asumaton saari

ja mahtava kallio tuolla saarella

havainnoiden horisonttiin

katsoen elämän järjetöntä surua

vailla yhtään kyyneltä

Outona yönä

outona yönä

tuossa majapaikassa

vinttihuoneen hämärässä

seinillä harmaantuneet hirret

levy mouruaa yhä lujempaa

kummallisesta soinnistaan

hän vavahtelee

värisee

tanssii alasti

liikehtii sulavasti keinuen

viettelee leikkeihinsä

käteni lanteillaan

rinnoillaan

ihojen iloinen sileys

intohimoisesti

vasten toisiaan

olimme hetken

    universumin lempilapsia

      yön verran vapaita

vailla rajoja

kaikkeuden loputon tuska

ja mielipuolisuus,

    häipyneenä pois

kaukana aamujen sarastuksessa

hetki, joka sai valtaansa

    kietoutumaan toisiimme

      kädet, jotka

    himoitsivat haparoiden

    suudellen

punaisia huuliaan

    pehmoisia rintojaan

litteää vatsaansa

    avautuvia reisiään

tulikuumaa klitorista

saaden hänet tahtomaan enemmän

    työntymään sisälleen

        tuntemaan kosteutensa kutsu

            kietoi jalkansa selkäni taakse

        aika hidastui hidastumistaan

            viimein purskahtaessani häneen

        hän suuteli rajusti ja virnisti

            yö ei ollut vielä antanut parastaan

Vapauden valtateillä

moottorin ärjyessä konepellin uumenissa

valtateiden rullatessa alla

pullo halpaa viiniä jaloissa

seikkailumatka suureen pohjoiseen

unelma aukeaa mutka kerrallaan

takapenkillä sammunut naiseni

jossain nahkatakkinsa alla

roihuu epätoivon ajava voima

halu elää enemmän

kuin maailma mahdollistaa

kauniiden kasvojen takana

riivaavat paholaisen himot

tuo hulluus,

jota olen oppinut rakastamaan

ajovalot työntyvät pimeyteen

kiivaan, väsymättömän rakastajan lailla

sokea, puhdas rakkaus valona

merkityksettömyyksien yllä

liikkuen öisen planeetan pinnalla

kaupunkien betonimeret

kätkevät sisäänsä loputtomat määrät

ihmiskoneita

kahlittuina rutiineihin

lannistettuina

olemaan ajattelematta

taikka toimimatta

ohjelmoituina tottelemaan

muodostaen kuppikuntia

juorukerhoja

vaihtaen pareja

vaihtaen valheita

tavoittelevat

loputonta orgasmia

13

yhä traagisemmaksi tuomittu rakkaus

janoaa vapautta

menetetty, mielisairaaksi paljastunut

huurujumala

veriset valheet nimissään

symbolit sotakilvissä

ohjusten kyljissä

julistavat autuasta suuruuttaan

maailma, joka ei edes halua pelastua

röyhtäilee kuolinkouristuksissaan

pullistuneena ja äärimmilleen turvonneena

nielaisseena ihmismielen

toisensa jälkeen, kuin halvan perunalastun,

joissa joskus vallitsi

lapsen uteliaisuus ja vilpitön hämmästely

dipattuna karvaisiin kastikkeisiin

lasittuneiksi muuttuneet silmänsä

tuijottavat enää tyhjyyteen

apaattisena hymyillen ja sokaistuneena

tunnelmoi kaiken tuholla

löytää silti suojapaikka valtateiltä

ei ole taloa, johon pysähtyä tervetulleena

ei ystävää, johon luottamista

eikä pientäkään hitusta toivoa

laittaa silti rööki palamaan

katsomatta taakseen

matkalla unelmaan, vaeltaen, velloen, virnistäen

epätoivoisessa, yhä lujempaa kiitävässä yössä

Matkaten syvemmälle

veri yhä kiivaammin kihelmöiden

matkaten yhä syvemmälle painajaiseen

pimeyttä roihuavaan ytimeen

liian kaukana

kääntyäkseen enää takaisin

kaipuu johonkin kauan kadotettuun

jota ei ehkä koskaan ollutkaan

muuten

kuin pois häipyvänä lämpimänä tunteena

joka kuitenkin

jätti muistijälkensä

jota jahtaa kauas, eksyksiin

hius kerrallaan harmaantuen

askeleet lyhentyen, köpäköityen

lapsuuden

valheet

paljastuvat

tilalla pelkkä himokas rappio

    viettien tyydyttäminen äärimmäisyyksiin

yhä psykoottisemmat transsit

    orgasmit roiskuvat nytkähdellen

        oksennukset etsivät,

    janoavat yhä enemmän, lisää

    sitä

    tahtoo

    uskoa

    johonkin

    niin kovin,

ettei huomaa tulleensa hulluksi

    maaten lepositeissä

        eristyskopissa

kuolat suupielistä vaahdoten

    ei suostu olemaan uskomatta

kuvitellen mielessään

    uuden uskonnon symbolin

luonnostellen myöhemmin paperille

saarnaten puolestaan

tappaen, murhaten, raiskaten

tuhoten ja vihaten

nähden lopulta lippujen meret

julistamassa

nähden kaikki kansakunnat

symboli polttomerkittynä otsassaan

ihmisrivistöt palatsin edessä

uhrirovioiden loimutessa yöhön

yhä syvemmällä painajaisessa

liian kaukana

kääntyäkseen enää takaisin

Kaupunki

suurkaupunki, verenhimoinen hirviö

havainnoi ihmisvilinää

vailla vapaata tahtoa

kykyä muuttaa mitään

kauan sitten

kovettunut sielu, puhkipalanut

kellokoneistojen ytimessä

tarkkailee omiaan

on silmänsä kohti öisiä katuja, risteyksiä

tuhannet elämäntarinat laahustavat

kilvoittelevat epätoivossaan, surkeudessaan

korvansa höristelevät kuoleman korinaa

tuskaista vaikerrusta,

loitsuja kahden tyhjyyden välillä

sieraimet tuoksuttelevat pakokaasuja,

tehtaiden savusumua,

pikaruokaloiden rasvankäryä

tuo julman paatunut hirviö,

menneisyytensä loisto

toivo jostain unelmasta

kauan kadotettu, unohdettu

vaipunut vaille sanoja

kyyneleensä mustaa tervaa

jolla paikkaa asfalttinsa raot

jottei mikään kasvaisi lävitse

tahtoo nähdä tuhoa ja kuolemaa

mässäilee kärsimyksellä

aistii yhä voimakkaammin

vavahtelee ja värisee

sensaatioiden vallassa

tuo kaupunki on runoilijan sielu

    uni mielensä sisällä

    loitsu maailmojen välillä

purkautuu pettäviksi,

        upottaviksi

          sanoiksi

Syrjäkadulla

kuinka lohduttomia, synkkiä, lamaantuneita

ovatkaan nuo karut puut syrjäkadun varrella

pitkin kellastuneiden lehtien peittämää

rosoista asfalttia klenkkaa

kaikkien halveksuma vanha mies

rähjäisissä vaatteissaan

kitaralaukku kippuraisessa selässään

saaden ylleen vihaisia katseita ja sylkeä

katkerana vaappuu vaivalloisesti

epätoivoisella taipaleellaan

kerran hän oli saanut nähdä

enemmän kuin kukaan muu kuolevainen

salaisuuksista suurimman verho

oli auennut hetkeksi hänen edessään

antaen nähdä pettävän pienen osan itsestään

se oli liikaa

lapsen katse muuttui siinä samassa

hulluuden kiilloksi

mistä hän ikinä saikaan tietää

olemattoman vähän

ei siitä voi päätellä kokonaisuutta

rikkoi hänet, musersi mielen

olisi rikkonut kenet tahansa

salaisuus kiehtoo ja riivaa

tahtoen nähdä sen uudelleen

etsii öisiltä kaduilta

katkerana, mielensä menettäneenä

vaeltaa pitkin loputonta pimeyttä

pysähtyy kerrostalon ulkoportaiden eteen

istuutuu ja näppäilee kitarallaan

surullista, haikeudessaan armotonta bluesia

ihmiset kaikkoavat ympäriltään

kukaan ei halua kuulla kantamaansa tarinaa

luurankojen orkesteri ilmestyy iskemään tahtia

tulisia turmion säveliä kantautuu kauas yöhön

kadotetun naisen hahmo tanssii usvan seassa

todellisuuksien rajalla, kitaran ulvoessa

Demoni

harrikka värisee allaan

    yön hurjin demoni

kiitää katuvalojen välkkeessä

    mustassa nahkarotsissa,

jonka alla uljaat rinnat kannattelevat

    yön viileydestä kovettuneita nännejä

jaloissa pitkälle sääreen ulottuvat bootsit

    musta minihame, jonka alla ei ole pikkuhousuja

sisältäen yön himotuimman, kostean kiitoradan

    varjot ja valot leikittelevät

vauhdissa hulmuavissa hiuksissa

    kantaa runoilijan sydäntä

tummaa, palavaa, roiskuavaa

    jahdaten yön synkintä pimeyttä

        helvetillisiä näkyjä,

    illuusioita tulesta, tuhosta ja turmiosta

polttoaineenaan absinttia, konjakkia, vodkaa

tuhtia pilveä, hitaita ja nopeita pillereitä

nautintonsa irstaissa miehissä

toinen toistaan halvemmissa

ja aivottomimmissa lutkissa

joita nussii puhki yhä kiivaammalla tahdilla

kiertää riivattuna pitkin kaupunkia

taltioiden mieleensä yön karheita sivuja

pysähtyy hautausmaan portille

siellä hän sai kerran alkunsa

katsoo usvan peittämiä kalmistoja

raivo nousee mieleensä

antaen esi-isiensä

väkevien, kirottujen henkien

johdattaa

kiertää kaasua pyöräänsä

Yö

tehtaiden piiput työntävät irstasta savuaan

vasten puolikkaan kuun loistetta

autojen valot liikkuvat pieninä maanisina täplinä

mainosvärivalot laitakaupungin usvassa, jossa kulkevat

huorat, narkkarit ja pikkurikolliset

yö on vielä kuin nuori tyttö, yhä neitsyt

kumma kuumotus hameensa alla

alati kasvava himo,

liikkeelle laittava kiima

sireenit ulvovat jossain kaukana

ihmiset kerääntyneenä räkäkuppiloiden

edustoille tupakoimaan

spurgut nukkuvat alikulkutunneleissa

pullot ja puukot turvana käden ulottuvilla

vanhat sanomalehdet peittonaan

27

kietoutuneina itsesääliin

ja eilisten musertavaan painoon

yö on vielä puhkeava kukkaan

neitsyen on nussittava itsensä

läpi nautinnon ja synnin porteista

veret ja pillumehut reisillä valuen

irvistäen kivusta, himoiten lisää

Varjoissa kaiken takana

saatana velloo tyytyväisenä varjoissa kaiken takana

    liikkuu jäätävänä, kuoliaaksi kylmettävänä puhurina

kaupunki kuhisee, kihisee yön vallassa

    valtaisa loimuava muurahaispesä, lempilapsensa

suurin lupauksin ja vahvoin puhein

    liitetty verisillä valoilla osaksi

suurta, erikoista suunnitelmaa

    luvattoman nuoret prostituoidut

      verkkosukissaan katujen varsilla

    houkuttelevat ohitse lipuvien autojen

kaljuuntuneita, möhömahaisia keski-ikäisiä kuskeja

    huumediilerit hieromassa kauppoja

ensimmäiset ilmaiseksi,

    sitten katsotaan hintaa

lähikaupan lasiovi,

mäsähtää paskaksi

pohjakassa survotaan muovipussiin

pojankoltiaiset ryntäävät karkuun

haavat rystysissään

pilvenpiirtäjät, joiden kattohuoneistoissa

suurmiehet suunnittelevat sikarinsavussa

rikoksia ihmisyyttä vastaan, niin suuria

ettei niitä varten ole edes lakeja

ovat samoja miehiä, jotka päivisin toimivat

tuomareina ja syyttäjinä

kaikki, joka rohkenee kantaa

kauneutta ja vilpittömyyttä

kuihtuu, kuin ruusutarha ilman vettä

synti ja saasta viettelee ihmismielet

huomaamatta, vähän kerrallaan

saaden valtaansa, toimimaan

vailla kyseenalaistusta

tuhat väärää profeettaa,
    halpaa taikuria
        nousee esiin viemäreistä

suunnitelma etenee yön syventyessä

Runoilijan kalmo

yksinäisyyksien kuvastama mielisairas kuu

kaupunki, vapaudessaan petollinen

ja hautausmaa, jossa ulvotaan

suuren runoilijan kalmo

löyhkää, toivottaa onnea heille

terve järki sanoineen, sääntöineen

oikeutti jälleen hirmutekonsa

runoilijoiden kalmot,

rivistössä rinnakkain

synkkyydessään rivot säkeet

ja oikeus ulvoen tuskaansa

vailla lohtua

kaikuu aikansa

hiipuu pois

nuori tyttö, saaden

punaviinistä ensihumalan

uhmaa kuolleita

sammaltaen manaa ja kiroaa

      seuraa uniensa jänistä varjojen läpi

    pimeyksiin, sammuu hautausmaan perälle

    josta spurgujengi löytää

avaavat sepaluksensa ja

    työntävät saastaisia, lemuavia

  kyrpiään jokaiseen reikään

repivät vaatteet päältään

  puristelevat pieniä tissejä ja persettä

paskaisilla sormilla,

    jotka sottaavat, tahrivat, tuhrivat

  mälläävät pillun spermallaan,

jokainen vuorollaan

uusi toivo ajastaan syntyvä

  yön villi äpärälapsi

    siitetty runoilijan hengellä

  toivottoman yön pimeimpänä hetkenä

jatkamaan ajastaan

runoilijoiden hautarivistöä

Yön huippu

pedot ruoskivat todellisuutta

yhä hurjempaan, karumpaan muotoon

tuhoruoskat sivaltavat!

kehot vääntelehtivät!

maa järisee!

ilma väreilee!

yö on saavuttamassa huippunsa

viimein, vihloen aivoja

kuplien ja poksuen

naiset sätkivät alastomina lattialla

neonvärivalot pauhaavat

silittävät, paijaavat, paljastavat ihoa

lantiot vatkaavat

nännit nöpöttävät

ajellut pillut mehuissaan sykähdellen

etsien, himoiten, unelmiensa röyhkeää kyrpää

suurta, saastaista, siittävää

miehet kuolat valuen pullistelevat, rähistelevät

sitten hyökkäävät kimppuun

kyrvät timanttisina sojottaen

yön huipulla he naivat ja nussivat

kaikki toisiaan

kuin viimeistä kertaa

pillua, persettä,

suuta

kaikkea yhä kiivaammin

verta, hikeä ja spermaa

valuu ja roiskuu

lantiot työstävät toisiaan

litisten ja lotisten

kiivaasti, yhä kiivaammin

yhtyvät toisiinsa

sykkien purkautuvat ja laukeavat

mehukkaat tuoksut leijailevat

yön usvassa

hiljaa, yhä hitaammin

Veri nousee yhä

veri nousemassa yhä pääkadulla

polven korkeudella jo

vapaus joka lainehtii

kuin outo, kupliva keitos

veri nousee yhä

kellutaan siinä, uidaan

koetaan elämää aallonharjalla

hellivässä lämmössä

veri nousee

voimansa hupenevat

uppoavat syövereihinsä

epätoivoisesti riuhtovat

kohti pintaa

saastapyörre imee sisäänsä

käsi tavoittaa vielä

silti saavuttamatta

tukahduttaa, oksettaa, kuvottaa

veri nousee säälimättömästi

huuhtoo julmasti pois

kadotettujen sielujen lauman

kuullen parkunsa

synkkien monologien tuskaisen vyöryn

runoilija katsoo kaukaa

taltioi öisen näyn mieleensä

kaupunki on kuin mieletön kierre

tuhoaa, raastaa, syövyttää

vihaten kaikkea elämää

vihaten rohkeutta

lannistaa ja latistaa

Houkutus

saatana on johdatellut runoilijan

kukkuloille kaupungin laidalla

näyttäen koko kaupungin öisessä väriloistossaan

ja sata samanlaista kaupunkia

toinen toistaan

valtaisampia, elävämpiä, mahtavampia

pömpöösimäisempiä

lupaa tälle

noiden kaupunkien väkevät tunnelmat,

sivut niiden takana

sekä normaaliuden nautinnot

joista runoilija on voinut

vain uneksia

rakkauden sataman,

johon asettua suojaan

maailman myrskyiltä

koti-illat takkatulen ääressä

lapset leikkimässä legoilla lattialla

hellän rakastavat kädet, jotka kietovat halaten

runoilija tajuaa vilpin ja ansan

mutta vain vaivoin,

kyyneleet silmissään

pystyy luopumaan unelmistaan

vaikka lupaus onkin vain katkeraa valhetta

se raastaa, se jäytää, se satuttaa

sillä se satama olisi vankila

sillä ne kädet olisivat kahleet

sillä nuo sivut olisivat

tekotaiteellisia

Vuosien taipaleet

matkanneena vuosien taipaleet

tuohon ihanan lumoavaan naiseen,

mieleensä ja sieluunsa

kertoi itsestään aina enemmän

paljastaen mitä ihmeellisempiä

pelkoja,

suruja

ja himoja

kielekkeitä ja rotkoja niiden alla

sekä vapauden hetkiä niiden välillä

lennot viileillä öisillä taivailla

pilvien lävitse

leijuen

kaikki yhä synkempiä ja kiehtovampia

syvemmälle tahdoinkin upota

olin kai tullut hulluksi hänestä

luulin tietäväni mitä etsiä

ratkaisun arvoitukseen

joka kantoi hänen

murheellisia kasvojaan

ja ne värit,

joiden paljoudessa

oli kerran kylpenyt

haalistuivat hiljalleen

vuosien myötä

keväinä ja kesinä,

jotka eivät osanneet enää lämmittää

muuttuivat yhä harmaammiksi

vaikka halasin häntä yhä lujempaa

muuttuivat jo mustiksi

vaikka koetin vetää häntä kohti valoa

enkä usko saavani häneltä koskaan rauhaa

katsoessani yksin taivaita

valosaastetta hohtavine pilvineen

peloissaan hän oli katsonut minuun

mitään sanomatta

lasittunein silmin,

joiden taakse oli syttynyt synkkä yö

katsonut vielä kerran,

enkä tiedä kuinka antaa itselleni anteeksi

Kutsu

valojen

välke

    kirskunta

    tahmaavat äänet

taipuilevat

taipuilevat

    kutsuvat suurta silmää

    pyramidin huipulta

katsomaan

piileskelypaikkaansa

    lopullisen syrjäytymisen

       kynnykselle

järjettömien leikkien äärelle

    pelejä, joissa voi vain hävitä

aivan kaiken kuviteltavissa olevan

synkät yksiöbileet

    pullojen rivistöt pöydällä

oksennukset lattialla ja rinnuksilla

kuinka kumea onkaan kutsu

unilaivastot odottavat!

puhelimet, jotka eivät enää vastaa

tuhannen runon silmät

hapuilevat yhä

vuosien jälkeenkin

etsien yhtä ainutta merkitystä

laitettuna puntaroimaan

tyhjyyttä ja yksinäisyyttä

kumpi painaa enemmän?

lyyhistyneenä taakkojensa alle

kykenemättä

jaksamatta

sietämättä

tajuamatta

silti epätoivoisesti yrittäen

pitkät siivut karusta pullosta

kärventää ja kuvottaa

silmät ja kyrpä kovana

vänkää, kieroa nettipornoa

sepalus auki

naimisen ääni

musiikin ääni

sekoittuu

sekoittaa

sekavaksi

väkinäinen raju nautinto

purkautuu irvistäen, karjahtaen

valuu pitkin vatsanahkaa

pakotie hentoinen

portti suloisen unen

viinan huuruinen

huumeen houreinen

laivaston aateli

jo matkaan saatteli!

unilaivat kristalliset

lipuvat kaikkeuksien lävitse

saapuen satamaan

tuohon lapsuutensa taloon keltaiseen

on ikkunat avaruuksiin päin

linnunratoihin

ja levollisiin kaukaisuuksiin

tähdet nuo paljoudessaan lohdulliset

ja ovi kop, kop!

pelon valta, kauhun kasvot

hymyksi vaihtuvat

onkin ovensa

ystävän tulla

rakkauden kahleet

vuosien kietomat

kaikki lyötynä rikki

pieni talo mäen päällä

suotuisten, hymyilevien tähtien alla

heinäsirkat sirittävät hiljaisuudessa

huulet, jotka koskettavat

kädet, jotka kietovat

silmät, jotka

ymmärtävät

lohduttavat

rakastavat

antaen kaiken anteeksi

enemmän, kuin mitä maailma

unen tuolla puolen voi antaa

silti enemmän,

kuin on koskaan uskaltanut toivoa

Jumalten talo

tuo aikoja sitten tärähtänyt juhlava kuu

    oli pukeutunut parhaimpiinsa

    ja lähetti toiveikasta valoaan seurueelle

tarkkaillen heitä hilpeästi itkien ja välillä hirnuen

tuo metsä,

    syvyyksissään tuntematon ja tutkimaton

    kätkien sisälleen monta kujeilevaa salaisuutta

oli avannut polkunsa heille kuljettavaksi

nuo puut polun varrella

    juoruille ja sienille persot

    kikattelivat ja kuiskuttelivat toisilleen

rouskutellen makoisia suippomadonlakkeja

seuruetta johti heimonvanhin,

    hengessään väkevin

    ja tiedoissaan viisain

49

otti piippunsa ja tuprautti

he olivat viimein saapuneet perille

edessä kohosi jumalten talo,

seinänsä, jotka hohtivat kuin nuotio

ja kohosivat ylös korkeuksiin

mutta ei ikkunoita laisinkaan

kaksi on siinä ovea

eikä kumpikaan ihmisiä varten

toinen niistä ikuisuuteen

ja toinen vapauteen

koputus, tuo kumea ja kaikuva

sai kohta seurakseen koputuksen

jyskyttävän ja rajun

heidän korvansa

olivat kuuroutua

oven kirskuessa auki

heidän silmänsä

    olivat sokaistua

heidän oli käännettävä katseensa

"kuka tähän tohtisi?

    kuka uskaltaisi näihin oviin koputtaa,

    rohkenisi koettaa onneaan?

ilmoita siis asiasi?"

"en suotta matkaa tehnyt

    en suotta kolmatta viikkoa taivaltanut

enkä varsin suotta koputtanut

on tullut sodan aika

    veren tahriman maan

    rikkoutuvien kilpien

ja kuolevaisten tuskanhuutojen

tuo suurin pahuus kaikista

    ei enää nuku

palanneena maan päälle

tuhoaan kylvää kaikkiin valtakuntiin"

"kuolevaisten tuskan minä myönnän

    minä heidät kerran maan päälle loin

      mutta katalia heistä on tullut

turmeluksessaan ja itsekkyydessään

      yltiöpäisiä, silti auttaa tahdon

ottakaa siis tämä miekka

    terässään muita mahtavampi

      ja voimassaan musertavin

ja sitten lähtekää kiireesti

    mutta muistakaa

      että vain sydämeltään puhdas

      voi sillä iskeä,

      eikä heitä ole teidän väessänne

kuin enää yksi jäljellä

ottakaa jo miekka ja löytäkää sille kantaja"

valtaisa miekka, lampaannahkaan käärittynä

mukanaan he kiiruhtivat vailla hetken hengähdystä

olisi löydettävä hän,

joka iskisi pahimmasta pahimman

takaisin kadotuksen syöveriin

Taistelu

runoilija kantaa hennon vahvoissa käsissään

miekoista mahtavinta, kipunoivaa, musertavaa

sekä käärmeennahkaisessa repussaan

tulevan aamun valoa

saapuneena kaupungin syvimpään läpimätään ytimeen

kiiltävän mustassa, vartalonsa kiihkeitä kurveja

nuolevassa latex-mekossa

manaa esiin perkelettä, saatanaa

itseään pääpaholaista

mystisillä, muinaisilla loitsuillaan

karjuen sanoja tyhjyyksiin

kadut järisevät

tuhannet salamat iskevät jyristen taivaalla

saatana saapuu viimein

mylvien ja ulvoen

kerrostalon korkuisena

palavana, tulipunaisena

karmaisevana hahmona

massiiviset olkapäänsä kannattelevat

neljää, toinen toistaan hurjempaa päätä

jokainen niistä katsoo eri ilmansuuntaan

mustaa savua puskee ulos sieraimistaan

runoilija iskee säkeensä

vasten saatanan kuvottavia kasvoja

lausuu yhä hurjempia säkeitä

saatanan suuret sorkat vavahduttavat maata

kaatuu kadulle murskaten

kadunvarteen pysäköidyt autot alleen

runoilija iskee, hakkaa miekallaan

mustaa verta pursuavat kaulat poikki

kirkuen ja ärjyen saatana joutuu

viimein tunnustamaan tappionsa tässä tarinassa

muuttuu valtaisaksi savuavaksi möykyksi

mädäntynyttä lihaa, joka syttyy liekkeihin

kaikki kossahtaa, repeää liitoksistaan

taipuu äärimmilleen musertuen, muljahtaen

runoilija avaa reppunsa

päästäen valon valloilleen

yö on viimein tullut päätökseen

Kaksi maailmaa

aamun ensisäteet

lävitse havisevien puidenlehtien, sälekaihtimien

huuhtovat pois yöllisen synkän saastan

kaupunki kylpee jälleen valossa

postiluukuista kolahtaa laskuja, uutislehtiä

kahvinkeittimet porisevat

herättelevät perhekunnat tuoksuillaan

paahtoleivät saavat sulavaa voita päälleen

pekonit ja kananmunat paistuvat iloisesti pannuilla

lähikaupat avaavat ovensa

kadut täyttyvät kauluspaitaisista,

pikkutakkeihin sonnustautuneista kulkijoista

viheltävät matkalla töihin

lapset kiiruhtavat reput selässä kouluun

pysähtyvät leikkimään kadunkulmaan

jossain toisaalla vanhemmat lapset

vetävät piilossa ensimmäisiä tupakoitaan

yön villistä hurmoksesta

ei ole enää mitään jäljellä

kaikki unohdettuna,

painettuna syvälle tiedostamattomaan

toinen todellisuus,

joka kuitenkin värjyy väistämättä

tulevissa öissä, varjoisilla kaduilla

odottaen jossain planeetan alla

kaksi on maailmoja,

eikä kumpikaan tunnusta toistaan

toisessa kerjäläinen, toisessa ruhtinas

ja varokoon, kuka maailmojen väliltä

koettaa tuoda yön salaisuuksia päivänvaloon

sillä päivänvalo muuttaa muotonsa

tuhkaksi ja tomuksi, mitättömäksi

kaksi on maailmoja,

    kumpaankin olet heitetty

kummankin armoilla olet

Sisällysluettelo